序　一

2016年5月6日，由中国铁建独家承建的我国首条中低速磁浮商业运营线——长沙磁浮快线开通试运营。长沙磁浮快线是世界上最长的中低速磁浮线，是我国磁浮技术工程化、产业化的重大自主创新项目，荣获我国土木工程领域工程建设项目科技创新的最高荣誉——中国土木工程詹天佑奖。长沙磁浮快线是中国铁建独创性采用“投融资+设计施工总承包+采购+研发+制造+联调联试+运营维护+后续综合开发”模式的建设项目，其建成标志着我国在中低速磁浮工程化应用领域走在了世界前列，也标志着中国铁建成为中低速磁浮交通的领跑者和代言人。

我国已进入全面建成小康社会的决定性阶段，正处于城镇化深入发展的关键时期，亟待解决经济发展、城市交通、能源资源和生态环境等问题，而中低速磁浮交通具有振动噪声小、爬坡能力强、转弯半径小等优势，业已成为市内中低运量轨道交通、市郊线路和机场线、旅游专线等的有力竞争者。以中低速磁浮交通为代表的新型轨道交通是中国铁建战略规划“7+1”产业构成中新兴产业、新兴业务重点布局新兴领域之一，也是中国铁建产业转型升级、打造“品质铁建”、实现高质量发展的切入点之一。2018年4月，中国铁建开展了中低速磁浮标准体系建设工作，该体系由15项技术标准组成，包括1项基础标准、9项通用标准和5项专用标准，涵盖勘察、测量、设计、施工、验收、运营和维护全过程、全领域；系列标准立足总结经验、标准先行、补齐短板、填补空白，立足系统完备、科学规范、国内一流、国际领先，立足推进磁浮交通技术升级、交通产业发展升级和人民生活品质提升。中低速磁浮系列标准的出版，必将为中国铁建新型轨道交通发展提供科技支撑力并提升中国铁建核心竞争力。

希望系统内各单位以中低速磁浮系列标准出版为契机，进一步提升新兴领域开拓战略高度，强化新兴业务专有技术培育，加快新兴产业标准体系建设，以为政府和业主提供综合集成服务方案为托手，以“旅游规划、基础配套、产业开发、交通工程勘察设计、投融资、建设、运营”一体化为指导，全面推动磁浮、单轨、智轨等新型轨道交通发展，为打造“品质铁建”做出新的更大贡献！

董事长：　　　　总裁：

中国铁建股份有限公司

2019年12月

中国铁建股份有限公司企业标准

中低速磁浮交通信号系统技术规范

Technical Code of Signal System for Medium and Low Speed Maglev Transit

Q/CRCC 33802—2019

主编单位：中铁磁浮交通投资建设有限公司
批准单位：中国铁建股份有限公司
施行日期：2020 年 5 月 1 日

人民交通出版社股份有限公司
2019 · 北京

图书在版编目（CIP）数据

中低速磁浮交通信号系统技术规范 / 中铁磁浮交通投资建设有限公司主编. — 北京 ：人民交通出版社股份有限公司，2019. 12

ISBN 978-7-114-15955-8

Ⅰ. ①中… Ⅱ. ①中… Ⅲ. ①磁浮铁路—铁路信号—信号系统—技术规范 Ⅳ. ①U237-65

中国版本图书馆 CIP 数据核字（2019）第 247969 号

标准类型：中国铁建股份有限公司企业标准
标准名称：中低速磁浮交通信号系统技术规范
标准编号：Q/CRCC 33802—2019
主编单位：中铁磁浮交通投资建设有限公司
责任编辑：曲 乐 李 梦
责任校对：张 贺
责任印制：张 凯
出版发行：人民交通出版社股份有限公司
地 址：（100011）北京市朝阳区安定门外外馆斜街 3 号
网 址：http：//www. ccpress. com. cn
销售电话：（010）59757973
总 经 销：人民交通出版社股份有限公司发行部
经 销：各地新华书店
印 刷：北京印匠彩色印刷有限公司
开 本：880 × 1230 1/16
印 张：4. 5
字 数：87 千
版 次：2019 年 12 月 第 1 版
印 次：2019 年 12 月 第 1 次印刷
书 号：ISBN 978-7-114-15955-8
定 价：33. 00 元
（有印刷、装订质量问题的图书，由本公司负责调换）

序　二

建设更安全可靠、更节能环保、更快捷舒适的轨道交通运输系统，一直都是人类追求的理想和目标。为此，我国自20世纪80年代以来积极倡导、投入开展中低速常导磁浮列车技术的研究。通过对国外先进技术的引进、消化、吸收以及自主创新，利用高校、科研院所及设计院等企业的协调合作，我国逐步研发了各种常导磁浮试验模型车，建设了多条厂内磁浮列车试验线，实现了载人运行试验，标志着我国在中低速常导磁浮列车领域的研究已跨入世界先进国家的行列，并从基础性技术研究迈向磁浮产业化。

国内首条中低速磁浮商业运营线——长沙磁浮快线于2014年5月开建，开启了国内中低速磁浮交通系统从试验研究到工程化、产业化的首次尝试，实现了国内自主设计、自主制造、自主施工、自主管理的中低速磁浮商业运营线零的突破。建成通车时，我倍感欣慰，不仅是因为我的团队参与了建设，做出了贡献，更因为中低速磁浮交通走进了大众的生活，让市民感受到了磁浮的魅力，让国人的磁浮梦扬帆起航。

在我国磁浮技术快速发展的基础上，中国工程院持续支持了中低速磁浮、高速磁浮、超高速磁浮发展与战略研究三个重点咨询课题。三个课题详细总结了我国磁浮交通的发展现状、发展背景，给出了我国磁浮交通的发展优势、发展路径、发展战略等建议。同时，四年前，在我国已掌握了中低速磁浮交通的核心技术、特殊技术、试验验证技术和系统集成技术，并且具备了磁浮列车系统集成、轨道制造、牵引与供电系统装备制造、通信信号系统装备制造和工程建设的能力的大背景下，我联合多名中国科学院院士、中国工程院院士、大学教授署名了一份《关于加快中低速磁浮交通推广应用的建议》，希望中低速磁浮交通上升为国家战略新兴产业。

两年前，国内首条旅游专线——清远磁浮旅游专线获批开建，再次推动了中低速磁浮交通的产业化发展，拓展了其在旅游交通领域的应用。

现在，我欣慰地看到，第一批中国铁建中低速磁浮工程建设企业标准已完成编制，内容涵盖了工程勘察、设计、施工、验收建设全过程以及试运营、运营、检修维护全领域，结构合理、内容完整，体现了中低速磁浮交通标准体系的系统性和完整性，体现更严、更深、更细的企业技术标准要求。一系列标准的发布，凝聚了众多磁浮人的智慧结晶，对推动我国中低速磁浮交通事业的发展、实现“交通强国”具有重要的意义。

磁浮交通一直在路上、在奔跑，具有绿色环保、安全性高、舒适性好、爬坡能力强、转弯半径小、建设成本低、运营维护成本低等优点，拥有完全自主知识产权的中低速磁浮交通也是未来绿色轨道交通的重要形式。磁浮人应以国际化为目标，以产业化为支撑，以市场化为指导，以工程化为载体，实现我国磁浮技术的发展和应用。

作为磁浮交通科研工作者中的一员，我始终坚信磁浮交通有着广阔的发展前景，也必将成为我国轨道交通事业的“国家新名片”。

中国工程院院士：

2019 年 11 月

中国铁建股份有限公司文件

中国铁建科技〔2019〕165 号

关于发布《中低速磁浮交通术语标准》等 15 项中国铁建企业技术标准的通知

各区域总部，所属各单位：

现批准发布《中低速磁浮交通术语标准》（Q/CRCC 31801—2019）、《中低速磁浮交通岩土工程勘察规范》（Q/CRCC 32801—2019）、《中低速磁浮交通工程测量规范》（Q/CRCC 32802—2019）、《中低速磁浮交通设计规范》（Q/CRCC 32803—2019）、《中低速磁浮交通信号系统技术规范》（Q/CRCC 33802—2019）、《中低速磁浮交通供电系统技术规范》（Q/CRCC 33803—2019）、《中低速磁浮交通接触轨系统技术标准》（Q/CRCC 33805—2019）、《中低速磁浮交通车辆基地设计规范》（Q/CRCC 33806—2019）、《中低速磁浮交通土建工程施工技术规范》（Q/CRCC 32804—2019）、《中低速磁浮交通机电工程施工技术规范》（Q/CRCC 32805—2019）、《中低速磁浮交通工程施工质量验收标准》（Q/CRCC 32806—2019）、《中低速磁浮交通试运营基本条件》（Q/CRCC 32807—2019）、《中低速磁浮交通车辆检修规程》（Q/CRCC 33804—2019）、《中低速磁浮交通运营管理规范》（Q/CRCC 32809—2019）和《中低速磁浮交通维护规范》（Q/CRCC 32808—2019），自 2020 年 5 月 1 日起实施。

15 项标准由人民交通出版社股份有限公司出版发行。

中国铁建股份有限公司

2019 年 11 月 18 日

中国铁建股份有限公司办公厅　　2019 年 11 月 18 日印发

前　　言

根据中国铁建股份有限公司《关于下达中国铁建中低速磁浮工程建设标准编制计划的通知》（中国铁建科设〔2018〕53号），组织编制了《中低速磁浮交通信号系统技术规范》。规范编制组经广泛调查研究，认真总结中低速磁浮交通实践经验，参考有关国内、国外相关标准，并在广泛征求意见的基础上，编制了本规范。

本规范共分16章，主要技术内容包括：1 总则；2 术语和缩略语；3 一般规定；4 系统性能指标；5 列车自动监控系统；6 列车自动防护系统；7 列车自动运行系统；8 计算机联锁系统；9 数据通信系统；10 维护监测系统；11 车辆基地信号系统；12 电源系统；13 地面固定信号；14 外部接口；15 接地、防雷和电磁兼容；16 环境条件。

本规范由中国铁建股份有限公司科技创新部负责管理，由中铁磁浮交通投资建设有限公司负责具体技术内容的解释。在执行过程中，各单位可结合工程建设实践，认真总结经验，如有意见或者建议，请寄送中铁磁浮交通投资建设有限公司《中低速磁浮信号系统技术规范》管理组（地址：湖北省武汉市武昌区紫阳路195号17楼，邮编：430060，电子邮箱：crmtbz@163.com），以供今后修订时参考。

主 编 单 位：中铁磁浮交通投资建设有限公司

参 编 单 位：中铁第一勘察设计院集团有限公司
中铁第五勘察设计院集团有限公司
中国铁道科学研究院集团有限公司

主要起草人员：张宝华　张家炳　任雅萍　朱光文　赵　岩　徐建军　王维奇
王国军　徐　洋　黄　蓉　徐　杰

主要审查人员：刘新平　秦　悦　肖利君　郜洪民　李庆民　邓红元　朱亨国
张大涛　熊光华　宗　斌　王喜军

目　次

Contents

1 总则

1.0.1 为规范中低速磁浮交通信号系统建设标准，使中低速磁浮交通信号系统安全可靠、技术先进、功能合理和经济适用，保障行车安全和效率，制定本规范。

1.0.2 本规范适用于采用常导电磁浮、F 轨轨排、短定子异步直线电机牵引技术路线、线路等级速度不大于 120km/h 的中低速磁浮交通信号系统。

条文说明

本规范定义的信号系统以常规城市轨道交通信号系统为基础，增加了磁浮交通特有的测速、定位、区段占用检查、道岔安全防护等子系统或设备的技术要求，适用于由车载设备控车的采用常导电磁浮、F 轨轨排、短定子异步直线电机牵引技术路线的磁浮交通。对于线路等级速度大于 120km/h 的中低速磁浮交通，若采用相同的技术路线和体系结构，则仍可遵循本规范。若采用长定子直线电机驱动，则控车方式、轨道结构都会有较大变化，本规范将不能完全适用。

1.0.3 本规范对中低速磁浮信号系统制式、总体构成、性能指标、系统功能、技术要求、防雷接地、电磁兼容、环境条件等方面进行了规定。

1.0.4 中低速磁浮信号系统工程建设除应符合本规范外，尚应符合国家现行有关标准及中国铁建现行有关技术标准的规定。

2 术语和缩略语

2.1 术语

2.1.1 中低速磁浮交通 medium and low speed maglev transit

采用直线异步电机驱动，定子设在车辆上的常导磁浮轨道交通。

2.1.2 中低速磁浮道岔 medium and low speed maglev transit turnout

中低速磁浮线路的换线设备，由主体轨道梁结构、驱动、锁定、控制等部分组成。其主体结构梁由三段钢结构梁构成，每段钢结构梁依次围绕三个实际点旋转实现转线。按照结构组成和功能状态，磁浮道岔可分为单开道岔、对开道岔、三开道岔、多开道岔、单渡线道岔和交叉渡线道岔。

2.1.3 接触轨 contact rail

敷设在承轨梁两侧，通过受流器向中低速磁浮列车供给电能的导电轨。

2.1.4 闭塞 blocking

用信号或凭证保证运行列车之间保持安全追踪间隔的技术方法。

2.1.5 保护区段 overlap section

为实现超速防护，保证安全停车而在进路外延伸的轨道区段。

2.1.6 安全防护距离 safety protection distance

列车超速防护实施安全停车控制时，为防止停车位置偏差可能造成的危险，而设置的自预定停车位置至限制点之间的距离。

2.1.7 固定闭塞 fixed blocking

预先设定固定的物理闭塞分区，列车之间按闭塞分区间隔运行的闭塞方式。

2.1.8 准移动闭塞 quasi-moving blocking

预先设定固定的物理闭塞分区，列车根据前方闭塞分区的状态设置列车的目标距离和速度的闭塞方式。

条文说明

准移动闭塞因为采用物理轨道区段进行行车间隔控制，故本质上属于固定闭塞。因列车运行采用与移动闭塞一致的“目标—距离（distance to go）”控制模式，故称为“准移动闭塞”。

2.1.9 移动闭塞 moving blocking

不预先设定固定的物理闭塞分区，列车根据前方列车的状态设置目标距离和速度的闭塞方式。

2.1.10 基于通信的列车控制 communication based train control（CBTC）

采用不依赖轨旁列车占用检测设备的列车主动定位技术和连续车—地双向数据通信技术，通过能够执行安全功能的车载和地面处理器而构建的连续式列车自动控制系统。

2.1.11 列车自动控制 automatic train control（ATC）

城市轨道交通信号系统实现列车自动监控、自动防护、列车自动运行及计算机联锁技术的总称。

2.1.12 列车自动监控 automatic train supervision（ATS）

自动实现行车指挥控制、列车运行监视和管理技术的总称。

2.1.13 列车自动防护 automatic train protection（ATP）

自动实现列车运行间隔、超速防护、进路安全和车门等监控技术的总称。

2.1.14 列车自动运行 automatic train operation（ATO）

自动实现列车运行速度、停车和车门等监控技术的总称。

2.1.15 计算机联锁 computer interlocking（CI）

以计算机技术为核心，实现道岔、区段、信号机按一定的规则和条件建立的相互关联、制约的安全防护技术的总称。

2.1.16 超速防护 overspeed protection

ATP 车载设备为保证列车在安全限速范围内运行而在列车超出允许速度后采取的制动行为。

2.1.17 移动授权 movement authority

ATP 系统准许列车在指定方向的线路上走行的距离。

2.1.18 列车识别号 train identity

通过列车编号、目的地和长度等信息来识别列车的方法，可以自动地实现进路设置或调度等功能。

2.1.19 点式通信 intermittent communication

采用应答器的车地通信方式。

2.1.20 连续式通信 continuous communication

全线范围或局部区域采用无线或者感应环线、可连续进行通信的车地通信方式。

2.1.21 点—连式 ATP 系统 intermittent and continuous communication ATP system

以应答器作为主要车地列控信息通信方式，在站台区、道岔区、驾驶模式转换等区域局部辅助连续式车地通信方式的 ATP 系统。

条文说明

点—连式 ATP 是在点式 ATP 系统基础上，通过在站台区、道岔区、驾驶模式转换等区域局部设置连续式车地通信设备，以相对较少的成本增强点式 ATP 系统功能的一种模式，可实现列车投入运营车次号校核、站台门安全防护、红灯误闯防护、道岔区防护、列车门站台门联动等功能。

2.1.22 自动化车辆段/停车场 automatic depot/yard

纳入 ATC 监控范围的车辆段/停车场，车辆段/停车场内自动化区域具有 ATC 相关功能。

2.1.23 装备列车 equipped train

装备车载信号设备，且车载 ATP 功能正常、可与轨旁信号系统通信的列车。

2.1.24 非通信列车 none communication train

车地通信故障或没有装备车载信号设备的列车。

2.1.25 安全制动距离 safety braking distance

保证列车从制动开始到停止的最小距离。

2.1.26 常用制动 service braking

列车采用电制动优先，电制动力不足时由机械制动补足的混合制动方式。

2.1.27 紧急制动 emergency braking

列车全部使用机械制动，制动过程中不可缓解；具有故障导向安全、开环特性。

2.1.28 惰行 coasting

列车在不施加牵引/制动情况下的运行状态。

2.1.29 列车安全制动模型 safe train braking model

根据列车安全间隔，依据列车特性、线路参数及运营条件生成的列车制动曲线。

2.1.30 追踪间隔时间 headway

在同一线路、同向运行的两列追踪运行列车的前端经过线路同一地点的间隔时间。

2.1.31 旅行速度 operation speed

正常运营情况下，列车从起点站发车至终点站停车（包括中间站停站时间）的平均运行速度。

2.1.32 运行交路 operation routing

设定列车在折返点之间往返运行的线路区段。

2.1.33 线路等级速度 line-level speed

为满足线路规划功能，综合线路工程条件、车站设置、投资效益等因素，同时充分发挥系统设施设备能力，经分析确定的代表线路等级的速度。

2.1.34 永久限速 permanent speed limit

由线路结构限制或其他标准所决定的在线路特殊区段的最大允许安全速度。

2.1.35 ATP 顶棚速度 ATP ceiling speed

ATP 子系统保证在最不利条件下不得超过的列车运行速度。

2.1.36 ATP 紧急制动触发速度 ATP emergency braking trigger speed

按系统算法计算 ATP 顶棚速度下触发紧急制动的临界速度，当 ATP 子系统检测到列车速度超过该速度值时，ATP 子系统输出紧急制动命令。

2.1.37 ATO 目标速度 ATO target speed

ATO 模式下，列车持续运行的速度和期望值，信号 ATO 子系统控制列车的运行速度在目标速度上下小幅波动。

2.1.38 区域控制器 zone controller

实现地面区域控制范围内列车安全防护功能的 ATP 安全计算机设备。

2.1.39 故障导向安全 fail-safe

故障发生后将使信号系统自动转为具有限制条件的安全状态。

2.1.40 平均无故障时间 mean time between failures

指单体设备相邻两次故障发生的平均间隔时间。

2.1.41 平均故障修复时间 mean time to repair

从维修人员接触到故障设备并允许维修，到故障设备完全恢复至其设计的使用功能所经过的平均时间。

2.1.42 安全性 safety

保证行车安全和人身、设备安全的能力，以在给定时刻系统维持安全功能完善的概率表示。

2.1.43 可靠性 reliability

产品在规定的条件下和规定的时间区间内完成规定功能的能力。

2.1.44 可用性 availability

在要求的外部资源得到保证的前提下，产品在规定的条件下和规定的时刻或时间区间内处于可执行规定功能状态的时间比率。

2.1.45 可维护性 maintainability

在规定的条件下，使用规定的程序和资源进行维修时，对于给定使用条件下的产品，能完成指定的实际维修工作所需的时间。

2.2 缩略语

信号系统缩略语一览表见表 2.2.0。

表 2.2.0 信号系统缩略语一览表

缩　写	释　义	全　文
AM	列车自动驾驶模式	Automatic Train Operating Mode
AP	无线接入点	Access Point
ATC	列车自动控制系统	Automatic Train Control
ATO	列车自动运行系统	Automatic Train Operation

表 2.2.0（续）

缩　写	释　义	全　文
ATP	列车自动防护系统	Automatic Train Protection
ATS	列车自动监控系统	Automatic Train Supervision
BAS	环境与设备监控系统	Building Automation System
CAM	蠕动自动运行模式	Creep Automatic Model
CBTC	基于通信的列车控制系统	Communication Based Train Control
CI	计算机联锁	Computer Interlocking
CM	列车自动防护下的人工驾驶模式	Code Manual Train Operating Mode
DCC	车辆基地控制中心	Depot Controlling Center
DCS	数据通信系统	Data Communication System
DMI	（司机）人机界面	Driver Machine Interface
DRM	车辆段（道岔区安全防护）限制人工驾驶模式	Depot Restricted Train Operating Mode
DTI	发车表示器	Departure Time Indicator
DTO	无人驾驶列车运行	Driverless Train Operating
EB	紧急制动	Emergency Braking
EMC	电磁兼容	Electromagnetic Compatibility
ESB	紧急停车按钮	Emergency Stop Button
EUM	非限制人工驾驶模式	Emergency Unrestricted Train Operating Mode
FAS	火灾自动报警系统	Fire Alarm System
FAM	全自动驾驶模式	Fully Automatic Train Operating Mode
FAO	全自动列车运行	Fully Automatic Train Operating
GOA	自动化等级	Grade of Automation
IBP	综合后备盘	Integrated Backup Panel
ISCS	综合监控系统	Integrated Supervision and Control System
LAN	局域网	Local Area Network
LCD	液晶显示器	Liquid Crystal Display
LED	发光二极管	Light Emitting Diode
LTE	长期演进系统（一种 4G 通信技术）	Long Term Evolution
LTE-M	城市轨道交通 LTE 标准	LTE-Metro
MA	移动授权	Movement Authority
MMI	人机交互界面	Man Machine Interface
MTBF	平均无故障时间	Mean Time between Failures
MTTR	平均故障修复时间	Mean Time to Repair
NMS	网络管理系统	Network Management System
PIS	乘客信息系统	Passenger Information System

表 2.2.0（续）

缩　写	释　义	全　文
PED	站台门	Platform Edge Door
OCC	运营控制中心	Operation Control Center
RAMS	可靠性、可用性、可维护性、安全性	Reliability, Availability, Maintainability and Safety
RM	限制人工驾驶模式	Restricted Train Operating Mode
RS	车辆系统	Rolling Stock
PSCADA	电力监控系统	Power Supervisory Control and Data Acquisition
SIL	安全完整性等级	Safety Integrity Level
SPKS	人员防护开关	Staff Protection Key Switch
TCC	轨道交通线网指挥中心	Traffic Control Center
TIAS	行车综合自动化系统	Traffic Integrated Automatic Control System
TWC	车地通信	Train Wayside Communication
UPS	不间断电源	Uninterruptible Power Supply
UTO	无人干预列车运行	Unattended Train Operation
WLAN	无线局域网	Wireless LAN
ZC	区域控制器	Zone Controller

3 一般规定

3.1 系统制式

3.1.1 信号系统应采用 ATC 系统。

条文说明

基于短定子异步直线电机牵引、F 轨电磁悬浮的中低速磁浮交通信号系统总体上采用与常规轮轨式城市轨道交通相同的列车自动控系统（ATC）。系统构成、系统功能基本一致，主要是在测速定位等局部技术上有所区别。系统结构和功能显著区别于基于长定子同步直线电机牵引的高速磁浮交通采用的运行控制系统（OCS）。

3.1.2 闭塞制式应根据工程情况合理选择移动闭塞或准移动闭塞。

条文说明

对于大运量、高密度行车、站间距相对较小的城市轨道交通项目，采用如 CBTC 移动闭塞系统是必要的，在满足能力需求的同时，对能力需求增加、系统故障后尽快恢复行车秩序都有很好的适应性。但对于运量不大、行车密度较低、站间距较大、投资控制较严的项目，采用基于点连式 ATP 的准移动闭塞系统也是可以保证行车安全的，满足需求的同时可适当降低工程造价。

3.1.3 根据工程需要，可选择符合互联互通相关标准的 CBTC 系统。

条文说明

中国城市轨道交通协会已组织编制了城市轨道交通基于通信的列车运行控制系统（CBTC）互联互通技术的系列团体标准，推动了互联互通 CBTC 系统的发展。互联互通系统除在线网层级发挥统一标准、资源共享的作用外，对延伸线、信号系统改造工程也有着积极意义。故中低速磁浮交通信号系统也可根据项目的远期规划情况、用户需求选择互联互通的 CBTC 系统。

3.2 系统基本要求

3.2.1 信号系统应满足中低速磁浮行车组织和运营管理的需求，满足对中低速磁浮列车控制需求，保证列车运行安全，提高行车效率。

3.2.2 信号系统应具有高安全性、高可靠性、高可用性和高可维护性。

3.2.3 涉及行车安全的子系统、设备及电路应符合故障—安全原则，采用的安全系统、设备应通过独立第三方的安全认证。

3.2.4 信号系统应按远期最大行车能力要求设计配置，追踪能力、折返能力、出入段能力应与正线行车需求相匹配。系统能力应经列车运行牵引仿真计算核定。

3.2.5 CBTC 系统和点式 ATP 系统，均应配置 ATO 子系统。

3.2.6 信号系统应能降级运用。对于 CBTC 系统，根据工程情况可选择配置点式 ATP 后备系统。

条文说明

系统降级运用，主要是降低设备故障后对运营的影响程度。对于不同的系统配置方案，系统可运行级别也有所区别。对于 CBTC 系统，可根据工程项目定位、工程投资、CBTC 系统稳定性、运营需求综合考虑，选择配置点式 ATP 后备系统。中低速磁浮交通和常规城市轨道交通中都有 CBTC 系统未配置点式 ATP 后备系统的工程案例。

3.2.7 ATC 系统监控和管理列车的能力应按远期行车交路内以最小追踪间隔运营所需列车总数量设计，并应留有不小于 30% 的余量。

条文说明

为增强对客流变化的适应性，增加列车运行的调整能力，信号系统应按要求的行车能力设计，并留有一定余量。系统监控和管理的列车数量按行车交路内以最小追踪间隔所需列车总数量设计，并留有不小于 30% 的余量。系统监控容量除应满足工程范围内的正线线路、车站、车辆基地的建设规模外，还须在满足本工程最小运行间隔要求的基础上，设备的硬件容量配置（如采集控制容量、插槽等）须留有不小于 30% 余量，软件容量配置（如系统处理能力等）须留有不小于 30% 余量。

3.2.8 信号系统应为线路双方向运行提供安全防护，安全防护应符合下列规定：

1 在采用移动闭塞系统时，正、反向运行均采用移动闭塞方式追踪运行。

2 在采用准移动闭塞时，双线区段正方向按准移动闭塞追踪运行，反向可按站间闭塞或进路闭塞方式运行。

3 单线区段应按双方向追踪运行设计。

条文说明

考虑中低速磁浮交通运营的灵活性，信号系统按双方向运行设计。对于 CBTC 系统，反向可采用与正向相同的移动闭塞方式，但受地面设备限制，反向一般不要求 ATO 功能。对于非 CBTC 系统，反向一般采用进路闭塞方式。

3.2.9 信号系统应具有功能正常的装备列车与非装备列车或非通信列车混合运行的能力。

3.2.10 信号系统应能适应编组长度可变列车、不同编组长度列车、不同性能列车混合运行需求。

条文说明

编组长度可变主要指列车之间连挂运行情况，如初期配属 3 编组列车，近远期采用 3 +3 连挂编组运行。列车连挂编组后，会存在 3 编组列车和 3 +3 编组列车混合运行情况。不同性能列车主要指项目初期和近远期采购的列车可能为不同的供货商，牵引制动特性可能会存在一定的差异。

3.2.11 ATC 系统设备集中站设置和控制范围应符合下列要求：

1 设备集中站区域控制范围应根据车站配线、线路长度、行车作业性质、系统设备控制能力、系统性能指标、故障影响范围及维修管理体制等因素确定。

2 折返站、与车辆基地衔接站宜设置为设备集中站。

3.2.12 信号系统安全性接口之间的通信信息传输应符合现行国家标准《轨道交通 通信、信号和处理系统 第 1 部分：封闭式传输系统中的安全相关通信》（GB/T 24339.1）和现行国家标准《轨道交通通信、信号和处理系统 第 2 部分：开放式传输系统中的安全相关通信》（GB/T 24339.2）的要求。

3.2.13 信号系统应具备完善的信息安全防护能力，在物理安全、网络安全、主机安全、应用安全、数据安全方面采取相应的技术措施，能够防范病毒入侵、黑客攻击，具备对区域边界安全防护、数据审核等功能。

3.2.14 信号系统与其他专业或系统接口时，相关设备应具有信息收发的记录功能。

3.2.15 信号系统应具有各子系统之间的时钟同步校准功能。

3.2.16 信号系统应能适应中低速磁浮交通的电磁环境。

条文说明

中低速磁浮列车由于采用电磁浮和直线电机推动牵引，列车车底及周围电磁环境较常规轮轨系统更加复杂。信号车载和轨旁设备需充分考虑中低速磁浮的电磁环境，系统设备应用前需进行必要的试验和测试，进行必要的适应性改造，以使其能够抵御干扰、适应周围电磁环境。

3.2.17 信号系统的车载设备不得超出车辆限界，地面设备不得侵入设备限界。

3.2.18 信号轨旁设备布置和安装应结合磁浮交通的特点，应便于施工、维护和运营管理。

条文说明

中低速磁浮交通多数采用高架线路和低置结构线路，轨旁设备的安装条件与常规城市轨道交通有着较大区别。信号轨旁设备安装需针对中低速磁浮交通的特点，以便于施工安装、运营维护为原则，做适应性的设计、调整，不宜简单沿用常规城市轨道交通轨旁设备的安装方式。

3.3 系统基本构成

3.3.1 信号系统应包括正线 ATC 系统及车辆基地信号系统。

3.3.2 正线 ATC 系统应包括列车自动监控子系统（ATS）、列车自动防护子系统（ATP）、列车自动运行子系统（ATO）、计算机联锁子系统（CI）、数据通信子系统（DCS）、维护监测子系统（MSS）和电源设备。

条文说明

本规范根据实际工程实施情况，将计算机联锁、数据通信、维护监测均按独立的子系统进行描述和要求。

3.3.3 车辆基地信号系统构成应符合下列规定：

1　车辆基地信号系统应包括计算机联锁子系统（CI）、列车自动监控子系统（ATS）、列车自动防护子系统（ATP）、数据通信子系统（DCS）、维护监测子系统（MSS）、电源设备、信号维修和检测设备。

2　设有试车线的工程应配置试车线子系统。

3　根据运营需要、资源共享原则可选择配置信号培训子系统。

4　根据工程情况可选择配置列车自动运行（ATO）子系统。

条文说明

配置 ATO 子系统的车辆基地通常称为自动化车辆基地。对于非自动化车辆基地，ATP 子系统主要指车辆基地道岔安全防护系统设备。

3.4　系统控制和驾驶模式

3.4.1　ATC 系统控制模式应符合下列要求：

1　系统应具备中央 ATS 和车站本地的两级控制模式。

2　中央 ATS 控制应包括控制中心自动控制和控制中心人工控制。

3　车站本地控制应包括车站自动控制和车站人工控制，车站自动控制应包括 ATS 自动控制和联锁设备自动控制。

4　人工控制优先级应高于自动控制。

5　系统应能根据需要进行中央 ATS 与车站本地控制权的转换。在紧急情况下，车站行车人员应能在现地工作站上强行取得控制权。控制权转换过程中，不应影响列车运行。

3.4.2　ATC 系统运行控制级别应符合下列要求：

1　配置点式 ATP 后备系统的 CBTC 系统应具有连续式通信的列车控制级别、点式通信的列车控制级别和联锁控制级别。

2　点—连式 ATP 系统应具有点—连通信的列车控制级别、点式通信的列车控制级别和联锁控制级别。

3.4.3　列车驾驶和折返模式应符合下列要求：

1　列车驾驶模式应包括自动驾驶模式（AM）、自动防护下的人工驾驶模式（CM）、限制人工驾驶模式（RM）、车辆基地限制人工驾驶模式（DRM）和非限制人工驾驶模式（EUM）。

2　驾驶模式由高等级向低等级转换时，列车可停车或不停车转换驾驶模式。驾驶模式由低等级向高等级转换时，列车不应停车转换驾驶模式。

3　列车应具有自动折返模式和人工折返模式。自动折返模式应包括 ATO 有人自动折返和 ATO 无人自动折返模式。

条文说明

车辆基地限制人工驾驶（DRM）是中低速磁浮交通车辆段/停车场内专有的一种驾驶模式。中低速磁悬浮交通道岔为轨道梁整体移动方式，非开通侧轨道会形成断轨形式，如列车冒进信号存在列车掉道的风险。因此，要求在车辆段/停车场切换至RM模式时，对具有道岔防护性质的信号机，系统具有冒进防护功能。通常是在RM模式基础上扩展实现，对具有道岔防护性质的列车或调车信号机配置应答器和LEU，列车通过有源应答器时，车载ATP根据收到的地面信号机状态报文，采取相应防护措施。道岔区安全防护功能也可采用配置连续车地通信设备和ZC系统设备的方式实现。

3.4.4 ATC系统控制区域与非ATC系统控制区域的分界处设驾驶模式转换区，转换区长度宜大于最大编组列车长度，宜设置在平坡或者缓坡区段。转换区应配置与正线信号一致的相关设备。

条文说明

驾驶模式转换区域（转换轨）通常纳入正线监控范围，但根据工程条件、系统制式、接口方案，也可以将转换轨纳入车辆基地监控范围。

3.5 全自动驾驶系统要求

3.5.1 全自动驾驶系统应根据工程情况和运营需求综合选择DTO模式或UTO模式标准。

条文说明

根据现行国家标准《轨道交通自动化的城市轨道交通（AUGT）安全要求 第1部分 总则》（GB/T 32588.1）中规定，全自动驾驶系统的无司机自动驾驶（DTO）模式对应GOA3级标准，无人自动驾驶（UTO）模式对应GOA4级标准。

3.5.2 全自动驾驶信号关键子系统设备应采取冗余配置。

3.5.3 全自动驾驶ATS系统可纳入TIAS系统。

3.5.4 全自动驾驶项目车辆基地纳入ATC控制范围，车辆基地根据站场形式和功能要求分为自动化区和非自动化区。

3.5.5 DTO模式的全自动驾驶信号系统在常规CBTC基础上还应具备下列功能：

1 站台门和列车门故障隔离功能。

2　运营人员安全防护功能。
3　列车悬浮状态监督和防护功能。

3.5.6　UTO 模式的全自动驾驶信号系统在常规 CBTC 基础上还应具备下列功能：
1　列车上电综合自检功能。
2　列车休眠、唤醒功能。
3　列车列检库内静态定位。
4　站台门列车门故障隔离功能。
5　折返站、终点站清客功能。
6　列车进站对位停车停准自动调整功能。
7　车载系统远程复位功能。
8　列车设备远程控制功能，包括列车开关门、鸣笛、制动和缓解、驾驶转换等。
9　车辆段无人自动洗车功能。
10　运营人员安全防护功能。
11　列车悬浮状态监督和防护功能。
12　列车工况监督和管理功能。

3.5.7　DTO 模式的全自动驾驶信号系统在常规 CBTC 基础上还应具备 FAM 模式。

3.5.8　UTO 模式的全自动驾驶信号系统驾驶模式在常规 CBTC 基础上还应具备 FAM 模式和 CAM 模式。

条文说明

FAM 模式为全自动驾驶模式，该模式下列车的唤醒、自检、启动、站间运行、进站对位停车、列车开关门、折返、出入段、休眠等作业均全自动完成，不需要人工介入，OCC 调度人员仅进行监视。

CAM 模式为蠕动自动驾驶模式，是车辆与 ATO 系统接口故障情况下的一种应急冗余措施。在车辆与 ATO 系统接口故障情况下，经 OCC 调度人工确认后可启动蠕动模式，利用车载信号与车辆牵引/制动系统的硬线接口控制列车低速运行（如 15km/h，可设定），同时车载 ATP 仍可对列车进行超速防护。当列车以蠕动模式进站对位停车后，系统将自动打开车门等待人工处理。

3.5.9　信号系统应增加和增强与车辆、综合监控、通信、站台门、洗车机、车库门、运营人员安全防护开关等的接口，满足相应全自动驾驶等级功能需求。

4 系统性能指标

4.1 RAMS 指标

4.1.1 安全性要求

1 信号各子系统的安全完整性水平应符合表 4.1.1 的规定。

表 4.1.1 信号各子系统 SIL 要求

子 系 统	SIL 要求
列车自动防护（ATP）子系统	4 级
计算机联锁（CI）子系统	4 级
轨道占用检测设备	4 级
列车自动监控（ATS）子系统	2 级
列车自动运行（ATO）子系统	2 级

2 整个信号系统安全设备导向危险侧的概率应小于 1×10^{-8}/h（h 为行车小时）。

4.1.2 可靠性要求

信号各子系统和设备的平均无故障时间应符合表 4.1.2 的规定。

表 4.1.2 信号各系统设备 MTBF 要求

子系统设备	MTBF 要求
ATS 设备	$\geqslant 3.5\times10^{3}$h
计算机外围设备	$\geqslant 5.0\times10^{4}$h
电源设备	$\geqslant 1.0\times10^{5}$h
ATP 地面设备	$\geqslant 1.0\times10^{5}$h
ATP/ATO 车载设备	$\geqslant 1.0\times10^{5}$h
联锁设备	$\geqslant 1.0\times10^{5}$h
地面有线网络设备	$\geqslant 1.0\times10^{5}$h
车地无线网络设备	$\geqslant 5.0\times10^{4}$h（WLAN） $\geqslant 8.0\times10^{4}$h（LTE）
计轴设备	$\geqslant 1.75\times10^{5}$h

4.1.3 可用性要求

系统的可用性不应小于 99.98%。

4.1.4 可维护性要求

信号各子系统设备的平均故障恢复时间应符合表4.1.4的规定。

表4.1.4 信号各系统设备MTTR要求

子系统设备	MTTR要求
车载设备	≤30min
控制中心设备	≤30min
车站设备	≤45min
轨旁设备	≤4h
车地通信设备	≤30min

4.2 系统响应性能指标

4.2.1 信息采集的表示周期，即设备状态变化至ATS控制中心的显示时间不应大于1s。

4.2.2 控制命令的反应时间，即命令发出至被控系统开始执行的时间不应大于1s。

4.2.3 监视器画面调用的响应时间不应大于1s，键盘响应时间不应大于1s。

4.2.4 轨道占用与空闲检测的应变响应时间不应大于3s。

4.2.5 车载信号设备自接收地面信息至完成处理的时间不应大于0.75s。

4.2.6 当车载信号设备识别到系统故障时，应立即发出紧急制动命令，且延时不应大于0.75s。

4.2.7 ATP车载设备上电启动时间应小于60s。

4.2.8 车地通信的报文周期不应大于1s，允许车地通信中断的时间不应大于5s。

4.2.9 在最高列车运行速度下DCS系统主要控制指标应符合下列要求：

1 误码率应小于10^{-6}。

2 95%概率条件下车地通信单网络的越区切换时间应小于100ms。

3 信息传输的丢包率应小于1%。

4 车地通信经有线和无线网络传输延迟时间应小于150ms。

5 车地通信每列车信息的传输速率不应小于 1Mbps。

6 有线网络信息传输速率不应小于 100Mbps。

7 DCS 骨干网应采用双向自愈的环形拓扑结构，环网中一个节点故障后重新配置时间应小于 50ms。

4.3 站台对位停车精度指标

4.3.1 ATO 控制列车在站台对位停车精度的指标应符合表 4.3.1 的规定。

表 4.3.1 ATO 停车精度要求

ATO 停车精度	实现概率
±0.3m	≥99.99%
±0.5m	≥99.9998%

4.4 测速定位精度指标

4.4.1 车载系统测速度应符合表 4.4.1 的规定。

表 4.4.1 车载测速精度要求

项目	指标
测速精度	≤2km/h
测速分辨率	≤2km/h

4.4.2 车载系统定位测量误差应符合表 4.4.2 的规定。

表 4.4.2 车载定位精度要求

项目	指标
区段运行时列车位置最大测量误差	≤10m
在站台定点停车时列车位置最大测量误差	≤0.5m
在折返停车时列车位置最大测量误差	≤1m

4.5 信息安全防护等级

4.5.1 信号系统信息安全防护等级宜按照现行国家标准《信息安全技术信息系统安全等级保护基本要求》（GB/T 22239）中 3 级保护标准执行。

4.5.2 信号系统应按照现行国家标准《信息系统安全保护等级保护实施指南》（GB/T 25058）实施等级保护工作，具备防范病毒入侵、黑客攻击、区域边界安全防护、数据审核等功能。

条文说明

信息安全等级保护中的区域边界划分，通常将整个信号系统作为一个安全防护区，信号与其他专业系统之间的接口采取区域边界安全措施，而信号各子系统之间不属于区域边界防护范围。

4.6 使用年限

4.6.1 信号系统设计使用年限不应少于20年。

5 列车自动监控系统

5.1 系统构成

5.1.1 ATS 系统主要应包括控制中心、车站、车辆基地 ATS 设备及相应的网络设备。

5.1.2 控制中心 ATS 设备应包括服务器、工作站、接口设备、打印机和网络设备等。工作站应包括调度员工作站、调度长工作站、时刻表编辑工作站、维护工作站等。

5.1.3 控制中心 ATS 应配置培训及演示设备，宜包括培训模拟服务器、培训/演示工作站、学员培训工作站等。

5.1.4 根据运营需要，可设置备用控制中心。备用控制中心 ATS 设备及架构宜与控制中心一致。

5.1.5 车站 ATS 设备主要应包括服务器、现地工作站、网络设备、发车计时器等。ATS 现地工作站宜与联锁控显终端合设。

5.1.6 正线车站司机轮乘室应设置 ATS 监视工作站。

条文说明

工程通常根据运营需求在折返车站或其他站点设置司机轮乘室，在轮乘室配置 ATS 监视工作站，便于司机掌握轮乘时间。

5.1.7 车辆基地 ATS 设备主要应包括服务器、现地工作站、派班工作站、网络设备等。车辆调度室与行车调度室分设时，车辆调度室内应设置 ATS 监视工作站。

5.2 基本功能

5.2.1 ATS 系统应具有下列主要功能：

1 列车自动识别、运行监视和车次号显示。
2 列车运行图/时刻表的编制及管理。
3 列车进路的控制。
4 列车运行的调整。
5 提供司机发车指示。
6 操作和运营数据记录、回放、输出及统计。
7 系统设备状态监视和报警。
8 列车运行模拟和培训。

5.2.2 ATS 系统应能实时显示全线轨道线路布置图、列车位置信息、列车车次号信息、进路，以及道岔、信号机、轨道区段的状态。

5.2.3 ATS 系统应具备设置和取消临时限速功能。

5.2.4 ATS 系统应具备由中心操作员设置列车节能运行的功能。

5.2.5 ATS 系统应具备系统故障复原处理功能。

条文说明

ATS 故障复原处理功能是指因 ATS 中心子系统或车站 ATS 子系统故障引发中心 ATS 或车站 ATS 功能中断，控制中心失去列车追踪、运行调整等功能时，在故障排除后系统恢复运行的能力。

5.2.6 ATS 系统应能自动跟踪和记录监视范围内处于不同运行级别下的列车信息。

5.2.7 ATS 系统应自动同步地面和车载系统信息，实时显示列车的驾驶模式、运行速度、运行方向、运行命令、车载主控端和报警等信息。

5.2.8 ATS 系统应具备设置列车跳停、扣车功能。

5.2.9 ATS 系统应具备操作人员身份识别及记录管理功能。

5.2.10 ATS 系统应具有与其他信号子系统时钟校核的功能。

5.3 技术要求

5.3.1 运营线路上的车辆基地出入线、区间、车站、折返线、存车线等均应纳入

ATS 系统监控范围。涉及行车安全的应急控制宜由车站办理。

5.3.2 ATS 系统应满足列车按运行交路运营的需要，凡具备折返条件的车站均应按可折返作业处理。

5.3.3 ATS 中央调度员工作站的数量应根据在线列车数、线路长度和车站数量等因素合理配置。各调度员工作站应互为备用，调度工作站的多个显示器输出控制应相对独立。

5.3.4 ATS 系统的应用服务器、数据库服务器、接口设备、网关服务器等关键设备应采用热备冗余配置。当主机故障、主备机切换时，系统功能应完整，各种显示应连续、正确。

5.3.5 设备集中站的现地工作站应至少具备显示本集中区车站范围和相邻区间信息，非设备集中站的现地工作站应至少显示本站和相邻区间的信息。

5.3.6 设备集中站设置的现地工作站宜采用双机冗余配置，非设备集中站设置的 ATS 监视工作站可采用单机配置。

5.3.7 系统故障或车站作业需要时，经控制中心调度员与车站值班员办理手续后，可实现站控和遥控转换，车站值班员也可强行办理站控作业。站控与遥控转换过程中，不应影响列车运行。

5.3.8 道岔设备进行集中控制、现地控制、现地强控的控制模式转换时，不应改变 ATS 控制模式。

6　列车自动防护系统

6.1　系统构成

6.1.1　ATP 系统应由地面设备及车载设备组成。

6.1.2　ATP 系统地面设备应包括 ATP 计算机设备、列车位置校准设备及相关接口设备等。

条文说明

列车位置校准设备指用于校正测速测距误差、提供绝对位置信息的应答器或信标设备。

6.1.3　ATP 车载设备应包括车载计算机设备、测速定位设备、操作显示设备及相关接口等设备。

6.2　基本功能

6.2.1　ATP 系统应具有下列主要功能：

1　列车测速和定位。
2　列车安全间隔防护。
3　列车超速防护和制动保障。
4　列车倒退保护和零速度检测。
5　轨道末端的安全防护。
6　车门及站台门的安全监控。
7　站台区紧急停车。
8　道岔区安全防护。
9　临时限速。
10　列车完整性监督。
11　车载信号设备状态检查和操作记录。

条文说明

ATP设备可防护列车在最大坡道及任何允许负载情况下的退行或后溜对列车安全造成的影响。列车停车后，信号系统持续输出保持制动命令，防止溜车。

中低速磁浮系统道岔为轨道梁整体移动方式，非开通侧轨道会形成断轨形式，如列车冒进信号，存在列车掉道风险。为此，对于正线和车辆基地具有道岔防护性质的信号机均应具备防护冒进信号功能。

6.2.2 ATP系统应具备点式通信列车、连续式通信列车、非通信列车混合运行时的安全间隔防护功能。

6.2.3 ATP系统应在车辆基地出入线、区间、车站、折返线、存车线等范围内具有列车自动防护功能。

6.2.4 当列车进站或出站时，ATP车载设备应保证列车头部进入或列车尾部离开有效站台时的速度不超过站台的限制速度。

6.2.5 当列车完整性信息丢失时，ATP车载设备应实施紧急制动，并在车载人机界面上报警提示。

6.2.6 列车在站台停车后，除车门旁路、站台门互锁解除情况外，在确认车门及站台门均已关闭且锁闭前，ATP车载设备应禁止列车移动。

6.2.7 ATP系统应具有通信状态监督功能，ATP系统内部设备之间的信息传输应符合故障—安全原则。

条文说明

ATP设备通常对ATP车载设备与ATP地面设备之间的通信状态、ATP车载设备与ATP地面设备之间的通信状态、ATP地面设备与相邻ATP地面设备的通信状态进行监督和报警。

6.2.8 车载ATP应具备事件记录功能，生成的车载系统日志应包括事件的日期和时间。

6.2.9 ATP车载设备应具备与ATS系统校核时钟的功能。

6.2.10 全自动驾驶线路ATP系统应具备停车列检库库门及洗车库库门防护功能。

6.3 技术要求

6.3.1 ATP 系统设备应采用二乘二取二或三取二硬件安全冗余结构，冗余设备应实现自动无扰切换。

6.3.2 运营列车首尾两端宜各设一套 ATP 车载设备。

6.3.3 ATP 车载系统应以导致列车停车为最高安全准则。连续通信区域内车地连续通信中断、列车完整性信号丢失、列车超速、列车的非预期移动、ATP 地面设备故障、车载设备故障等均应给出报警提示，与行车安全相关的故障均应产生紧急制动。

6.3.4 ATP 系统应采用目标—距离控制模式，系统的速度曲线应遵从安全制动模型，在任何情况下，装备 ATP 系统设备的列车不应超过 ATP 顶棚速度和移动授权。

6.3.5 在不超过车辆构造速度和道岔构造速度的前提下，ATP 制动模型应合理设置顶棚速度，使 ATO 速度接近或达到线路速度。

条文说明

基于 ATP 安全制动模型，列车超速防护需经过速度上升、牵引力切除、紧急制动加载、列车制动至停止的过程，列车减速前达到的最高速度要高于列车正常运行允许速度，可达到的最高速度取决于线路速度、超速前列车运行速度、车载设备响应时间、牵引制动系统响应时间、加速度特性等参数。如将线路速度作为 ATP 顶棚速度，根据安全制动模型和各项参数计算得出列车运行允许速度会远低于线路速度，很大程度上降低了线路整体能力。《城市轨道交通工程项目建设标准》（建标 104—2008）第 43 条规定：列车在正线上最高运行速度应与车辆设计最高速度相符合，并允许瞬间超速 5km/h。工程中车辆设计最高速度与线路等级速度一致，对于安全制动过程中的小幅度瞬间超速，在线路直线段不影响行车安全。在曲线段和道岔侧向段，会引起未被平衡横向加速度瞬间增加，对乘坐舒适性略有影响，但不至于导致脱轨危险。要求 ATO 子系统目标速度尽量接近或达到线路速度，可有效提高列车旅行速度，减少因信号系统对整条线路性能的影响。要实现此目标，除信号车载系统配合外，还需要车辆的构造速度与之相匹配。实际工程中，在车辆构造速度高于线路等级速度 10km/h 的条件下，ATO 最高运行速度一般可做到低于线路等级速度 2 ~ 3km/h。

6.3.6 ATP 车载信号应为行车的主体信号。车载信号显示界面应包括列车允许速度、列车实际运行速度、列车运行前方的目标距离等信息。

6.3.7 列车在运行过程中如车辆提供的车门关闭信息丢失，车载 ATP 系统宜采取紧急制动防护措施。根据运营需要，ATP 对列车门安全防护也可采用车门锁闭信息和车门关闭信息分别接口、应用不同防护策略的方式。

条文说明

车载 ATP 对列车门状态监测、防护功能的目的是进一步保障行车安全。多数项目车辆与信号接口，一般仅提供“车门关闭且锁闭”信息，列车在运行过程中如果该信息丢失，车载 ATP 将采取紧急制动措施。但在实际运营过程中，由于列车振动、门检测元件工作不稳定等原因，会出现车门状态误报情况，引起不必要的紧急制动。为避免车门故障对正常运营的影响，部分轨道交通项目要求车辆分别提供“车门关闭”“车门锁闭”两个状态信息。车门打开过程中“车门锁闭”先于“车门关闭”信息丢失。车载 ATP 根据不同的车门状态信息，采取不同的安全防护策略，可降低车门故障引起紧急制动对运营的影响。在车辆分别提供车门锁闭信息和车门关闭信息条件下，安全防护措施一般要求如下：

1　列车在站间运行时，如车门关闭信息丢失，ATP 车载设备实施紧急制动；如仅车门锁闭信息丢失，则 ATP 车载设备只输出报警而不实施制动。

2　列车在进站或出站过程中，如车门锁闭信息丢失，ATP 车载设备实施紧急制动。

中低速磁浮列车运行过程中的振动远小于轮轨列车，车门系统工作稳定性较高，是否需要车辆分别提供车门锁闭信息和车门关闭信息接口条件，还需根据运营数据进一步评估。

6.3.8 ATP 系统应在安全防护预定停车点的外方设置安全防护距离或保护区段，停车线、折返线的 ATP 安全防护距离或保护区段不宜大于 50m。

条文说明

安全防护距离涉及信号系统控制方式、技术指标、列车速度、车辆性能和线路状态等多种因素，是安全行车的必备因素。预定停车点外方设置物理保护区段的方式，除为 ATP 提供最不利条件制动安全防护外，还可在联锁条件下为冒进红灯的列车提供缓冲防护。车站接车进路采用进路外方设置物理保护区段，区间运行进路采用进路内方设置安全防护距离的方式，可减少计轴设备的数量，在一定程度上降低造价。

参考《地铁设计规范》（GB 50157—2013）中第 6.4.5 条，要求安全防护距离不大于 50m。但对于 120 ~ 160km/h 项目，应在工程实施中进一步核实保护区段的长度是否与运行速度相匹配。

6.3.9 列车在站台区开门前，ATP 应检查列车的停车对位状态。列车对位停车偏差

允许范围宜为 ±0.5m，超出偏差范围，ATP 应禁止列车车门打开。

6.3.10 ATP 车载设备实施的紧急制动在列车停车前不得缓解。

6.3.11 点式 ATP 系统应在信号机外方一定距离设置预告应答器，预告距离应大于列车制动距离。

6.3.12 对于全自动驾驶系统，工作人员进入自动化区时，应通过人员防护开关建立相应的封锁区域。ATP 应禁止封锁区域外的列车进入该区域，封锁区域内的列车应自动停车或保持静止状态。

6.4 列车测速和定位

6.4.1 列车测速和定位技术应适应中低速磁浮交通的特点，应能实时获得列车在线路上的确切位置、运行速度和运行方向信息。

条文说明

中低速磁浮系统的测速和定位是其区别于传统轮轨系统的关键技术，也是保证行车安全的重要因素，定位设备应能实时、准确、安全地工作。由于测速方案的不同，测速精度也会有所区别，但测速精度应满足 ATP、ATO 控制需求。

6.4.2 ATP 车载系统可与车辆共用车载测速传感器，但双方测速算法宜相互独立。

6.4.3 列车测速和定位技术应采用无接触检测方式，可采用钢轨枕涡流传感器、感应环线等技术，宜辅以应答器、加速度传感器、多普勒雷达等方式对测速误差进行校准和修正。

6.4.4 测速和定位系统应采取冗余措施，速度信息的输出应相互校验，应具备测速传感器失效检查功能。

6.4.5 列车在车站站台区的定位精度应满足精确对位停车需求，站台区应采取提高测速、定位精度的措施，宜设置停车位置检测设备。

条文说明

列车停车位置检测设备是指列车在站台区精确对位停车后，地面 ATP 用于检测列车是否在允许停车误差范围内的设备。

中低速磁浮系统的测速精度、测速延迟都大于传统轮轨系统。在列车进站停车过程中，经常会发生因列车定位误差较大，而导致超出 ATP 允许范围停车；或者列车实际停在允许误差范围内，ATP 检测结果却超出范围，从而造成列车门和站台门无法联动，影响运营效率。因此，有必要在站台区设置提高测速精度的设备和停车位置物理检测设备，以减小测速定位误差对运营造成的影响。

7 列车自动运行系统

7.1 系统构成

7.1.1 ATO 系统主要包括地面设备和车载设备。

7.1.2 ATO 地面设备应包括轨旁定位设备、ATO 接口设备等。ATO 可利用 ATP 系统的轨旁设备，但不应影响 ATP 系统的安全性。

7.1.3 ATO 车载设备应包括 ATO 车载计算机及相关接口设备等。

7.2 基本功能

7.2.1 ATO 系统应具有下列主要功能：

1 站间自动运行。

2 列车运行自动调整。

3 列车跳停、扣车。

4 车站定点精确停车。

5 有人或无人驾驶自动折返。

6 列车车门、站台门控制。

7 列车运行节能控制。

8 记录、报警和自动检测。

7.2.2 ATO 系统应在 ATP 防护下，根据 ATS 指令实现列车的速度控制。

7.3 技术要求

7.3.1 ATO 系统应在 ATP 设备的防护下实现列车自动驾驶。

7.3.2 ATO 应满足舒适、快捷及正点的要求。

7.3.3 ATO 车门控制应能支持以下几种开门、关门方式：

1 人工开门、人工关门。
2 自动开门、人工关门。
3 自动开门、自动关门。

7.3.4 车载 DMI 应显示推荐速度、关门提示、发车提示、报警提示等辅助驾驶信息。

7.3.5 ATO 车载系统宜与车辆悬浮控制系统接口，根据悬浮系统工况确定牵引控制策略。

条文说明

中低速磁浮交通的磁悬浮系统是列车稳定运行的核心系统，每节车采用多组电磁铁、多点控制。对应磁悬浮系统不同的故障状态，列车采取不同的限速策略。ATP/ATO 系统与悬浮控制系统接口，可实现更为完善的 ATO 控制策略和 ATP 防护功能。

7.3.6 在具备无人自动折返作业的车站站台端部应设置 ATO 无人自动折返按钮。

8 计算机联锁系统

8.1 系统构成

8.1.1 计算机联锁系统主要包括室内设备和轨旁基础设备。

8.1.2 计算机联锁系统室内设备包括联锁主机、控显终端、维护工作站、继电器组合、区段占用检查系统设备等。

8.1.3 计算机联锁轨旁基础设备包括区段占用检查轨旁设备、信号机等。

8.2 基本功能

8.2.1 计算机联锁系统应具有下列主要功能:

1 进路的设置、锁闭、解锁和取消。

2 信号机关闭和开放。

3 道岔操纵、锁闭及道岔模式控制。

4 站台紧急关闭和取消。

5 对道岔、信号机、轨道区段等元素实施封锁。

6 系统自诊断能力。

8.2.2 计算机联锁系统应具备引导进路功能。

8.3 技术要求

8.3.1 计算机联锁系统设备应采用二乘二取二或三取二硬件冗余结构。

8.3.2 计算机联锁系统应正确实现进路上道岔、信号机和区段间的联锁，在联锁条件不符时，不得进路开通。敌对进路应相互照查，不应同时开通。

8.3.3 计算机联锁系统应根据 ATP 系统要求设置相应的保护进路。

8.3.4 计算机联锁系统应能实现进路锁闭、区段锁闭。

8.3.5 进路应采用分段解锁方式，锁闭的进路应能随列车正常运行自动解锁，进路可人工取消，已经接近锁闭的进路应延时解锁，延时解锁时间应满足行车安全需求。

条文说明

锁闭的进路能人工取消进路和延时解锁，延时解锁时间可根据系统性能参数确定，延时解锁时间需考虑行车效率并确保行车安全。

8.3.6 计算机联锁系统应具有自动通过进路和自动折返进路的功能。自动通过进路不随列车运行自动解锁，自动折返进路应能自动设置折返线的牵出和折返进路。

8.3.7 车站站台及车站控制室应设站台紧急关闭按钮，站台紧急关闭按钮电路应符合故障导向安全原则。

条文说明

当站内线路出现影响行车安全或危及人员安全的状况时，通过操作站台紧急关闭按钮，阻止列车进站、离站或者移动，防止危险事件发生。

8.3.8 执行扣车功能时，联锁系统应关闭对应站台的出发信号机。

8.3.9 除因设置自动进路、实施扣车或站台门条件不满足造成的信号关闭外，其他情况下信号关闭后未经再次办理不应自动重复开放。

8.3.10 在 CBTC 运行级别信号灭灯的情况下，系统应具备信号机灯光完好性测试功能。

8.3.11 计算机联锁系统的控制和表示宜选用鼠标和显示器方式。

8.3.12 全自动驾驶的线路，应在车控室、DCC 等相关区域设置人员防护开关及相应表示灯，控显终端应具有相关表示。

条文说明

全自动驾驶线路新增作业封锁区防护功能。联锁系统与车站及车辆段/停车场内设置的人员防护开关（SPKS）接口，采集人员防护开关的状态，并驱动人员防护开关表示灯。人员防护开关的状态纳入联锁进路检查条件。当 SPKS 开关启动后，系统封锁相应轨道区域。作业区域封锁后，经过作业区列车及调车进路立即关闭。联锁不允许办理经由作业封锁区的所有列车及调车进路，同时将区域封锁的信息发送至ATP设备。

8.3.13 系统开放信号前应检查红灯灯丝完好。信号机应具备灯丝监督的功能，信号开放后系统应连续检查灯丝状态。LED信号机发光盘显示面积小于设定的临界值时，信号应自动关闭。

8.4 道岔接口控制

8.4.1 计算机联锁系统应与道岔系统接口，实现对道岔实行转换控制和状态监视功能。

条文说明

中低速磁浮系统的道岔自成系统，信号联锁系统通过与道岔系统接口，实现联锁对道岔的控制以及控制模式转换。接口信息至少包括道岔动作命令、道岔位置信息、道岔故障信息、道岔现地操作请求、道岔现地操作允许信息等。

8.4.2 道岔接口控制应包括信号联锁集中控制、道岔现地控制和现地强控三种模式。

条文说明

道岔现地控制模式是指通过联系电路实现控制权转换后的现场操纵道岔模式，需由现地操作人员办理申请、经过车站或中心调度员同意后实现控制权转换。

道岔现地强控模式是指通过转动现场控制盘上强控钥匙实现控制权转换的现场操纵道岔模式，控制权转换无需经过车站或中心调度员同意。

8.4.3 道岔处于现地控制模式或现地强控模式时，联锁系统不应操纵道岔和使用该道岔办理进路。已经办理的进路，在道岔转为现地强控模式时，信号应立即关闭。

8.4.4 计算机联锁系统应能对道岔实行单独操纵和进路选动操作，对影响行车效率的渡线道岔或防护道岔应采用同步控制方式。

条文说明

城市轨道交通为了提高系统在故障情况下的可用性，通常按每组道岔单独控制考虑。中低速磁浮道岔动作时间较长（单开道岔15s，三开道岔25s），对于渡线道岔，如果排列进路时不能同时动作，一个道岔转辙到位后另一个道岔才开始动作，将极大影响进路建立效率，所以要求每组道岔按单动控制设计，但排列进路时要求相关渡线道岔或防护道岔同时动作。

8.4.5 计算机联锁系统与道岔系统接口应满足下列技术条件：

1 道岔区段有车时不能转换。

2 进路在锁闭状态时，进路上的道岔不能转换。

3 道岔在所需的位置时，道岔操作指令不传给道岔系统。

4 道岔启动电路动作后，如因故道岔在规定的时间内未能转辙到位，启动电路应停止工作，道岔再转换且有声光报警，道岔经操纵后应能转回原位。

5 道岔转换完毕，应切断转辙电机电源。

6 道岔进入现地控制模式后，未经现地人员操作，车站值班员或调度不能单方撤销现地控制模式。

7 现地强控模式不需联锁系统同意即可进入现地操作状态。

8 联锁挤岔报警时间应与道岔转辙时间相匹配。

条文说明

计算机联锁系统与道岔系统控制接口通常继电器接口电路。联锁系统向道岔系统输出的开关量信息包括道岔转辙指令、锁闭防护指令和现地授权信号。道岔系统向联锁系统输出的开关量信号包括道岔位置信号、现地请求信号、现地请求状态信号和故障信号。道岔锁闭防护指令用于控制道岔动作电源用交流接触器。道岔转换完毕后，计算机联锁切断道岔锁闭防护指令，即可切断道岔动作电源。

8.4.6 根据工程需求可在车站 IBP 盘上设置带铅封的道岔应急控制按钮。

条文说明

中低速磁浮道岔控制过程较为复杂，一旦发生故障，对运营影响较大。根据需要可在车控室 IBP 盘上设置道岔应急控制按钮，紧急情况下通过此按钮操作，越过联锁系统直接控制道岔。

8.5 区段占用检查

8.5.1 区段占用检查设备应能安全、准确地实现轨道区段占用或空闲检测。

8.5.2 区段占用检查宜采用模拟轮计轴方式。

条文说明

中低速磁浮列车没有轮对，传统轮轨交通系统采用的轨道电路、计轴等方式不适用于磁浮交通系统，目前可采用的技术主要包括：模拟轮计轴方式和列车检测环线等方式。

模拟轮计轴方式是通过在磁浮列车上安装一定数量、计轴磁头可以检测的金属板，来模拟传统轮轨交通的轮对，实现轨道区段占用检测。国内长沙磁浮快线、北京S1磁浮线均采用模拟轮计轴区段占用检测方式。

列车检测环线（TD环线）是日本单轨交通、磁浮交通采用的一种区段占用检查方式。系统主要由车载发送单元、发送天线、地面环线、发送接收设备等构成。主要原理是通过车载设备主动发送“进入”“离开”信号，地面设备通过环线接收信号，根据接收到信号的次序，判断轨道区段列车占用情况，并驱动轨道继电器的吸起和落下。国内重庆跨座式单轨2号线就引进了日本该项技术。

考虑现阶段国内尚不掌握TD环线技术，工程应用也有一定的局限性，本规范暂不考虑该技术，区段占用检查建议优先采用模拟轮计轴技术。

8.5.3 计轴系统设备应满足下列要求：

1 计轴系统宜采用硬件冗余结构和配置。

2 计轴模拟轮数量每辆列车不应少于2组。

3 轨旁计轴磁头的形式和安装方式应与轨道轨枕形式、渡线道岔的形式相匹配。

4 车站控制室现地控制工作站界面或者IBP盘上应设置计轴复位按钮。

9 数据通信系统

9.1 系统构成

9.1.1 数据通信系统应由有线通信网络、车地无线通信网络和网络管理设备组成。

9.1.2 有线通信网络应包括网络节点传输设备、接入交换机设备、光电转换设备和光电缆。

9.1.3 车地无线通信网络构成应符合下列规定：

1 基于 WLAN 技术的车地通信网络应包括无线服务器、无线接入交换机、轨旁无线接入单元、天线或漏泄电缆、车载通信设备。

2 基于 LTE 技术的车地通信网络应包括核心网、基带处理单元、射频远程单元、天线或漏泄电缆、车载通信设备。

条文说明

基于交叉感应环线的 CBTC 在互联互通、工程实施方面存在局限性，故本规范不建议采用基于交叉感应环线的车地通信方案。

9.1.4 网络管理设备包括有线传输网管设备和无线传输网管设备。有线传输网管设备和无线传输网管设备可合并设置。

9.2 基本功能

9.2.1 有线通信网络应为控制中心、车站、轨旁、车辆基地、试车线、培训中心和维修中心设备之间提供有线数据传输通道。

9.2.2 无线通信网络应为列车与地面设备之间提供连续双向的无线数据传输通道。

9.2.3 网络管理设备应具备对有线通信网络和车地无线通信网络进行故障管理、网络性能管理、配置管理、安全管理、拓扑管理和日志管理等功能。

9.3 技术要求

9.3.1 数据通信系统应采用符合国家标准的标准协议和接口，有线网络宜采用以太网标准，车地无线通信网络可采用 WLAN、LTE 或者其他专有通信方式。

9.3.2 数据通信系统传输速率应满足实时监控的需要，数据传输应具有差错控制能力。

9.3.3 有线通信网络宜独立组网，应采取冗余配置的网络结构，冗余网络之间应能实现无扰切换。

9.3.4 不同子系统的有线数据传输通道应相对独立或采用相互隔离的虚拟专用局域网。

9.3.5 车地信息传递可采用连续通信、点式通信，或者点式与局部连续式通信相结合的方式。连续通信宜采用无线通信方式，点式通信宜采用应答器方式。

9.3.6 基于无线通信方式的车地通信系统应符合下列要求：

1 所使用的无线频率应是国家无线电管理部门规定的公用频率，或申请批准允许使用的专用频率。

2 应与其他系统、其他相关线路统一规划无线频点。

3 无线覆盖可采用天线或漏泄电缆等方式，也可根据现场条件混合使用。

4 列车运行时的漫游切换不应影响列车控制的连续性。

9.3.7 无线通信网络应为双网冗余设计，双网之间应完全隔离，双网信道频带应相互独立，无线覆盖应实现双频冗余覆盖。

9.3.8 点连式通信方式的连续通信覆盖范围应包括站台区及其接近离去区域、道岔区及其接近离去区域和转换轨区及其接近区域。覆盖范围应根据车载系统、无线系统特性参数、ATP 防护原则经计算确定。

9.3.9 车辆基地的停车列检库应实现无线覆盖。

条文说明

车辆基地（车辆段、停车场）的停车列检库实现无线覆盖后，可满足车载设备上电自检，以及运营检修维护需要。

10 维护监测系统

10.1 系统构成

10.1.1 维护监测系统由中心级设备、车站级设备和各维护监测设备之间的数据通信网络组成。

10.1.2 中央级设备主要由各类中央服务器和维护监测终端构成，车站级设备主要由车站采集机、车站工作站、采集传感器和维护监测终端等构成。

10.1.3 根据运营需求，可在运营维护机构相关值班室或办公室内设置维护监测终端。

10.2 基本功能

10.2.1 维护监测系统应具备下列主要功能：

1 外电网电压、电流、频率、相位角等综合质量监测。

2 电源屏设备输入输出及自身状态信息监测。

3 UPS 设备状态和蓄电池的电压、电流、内阻及充电状态监测。

4 联锁系统开关量采集。

5 信号机点灯回路电流、断路器报警等监测。

6 电缆绝缘监测。

7 电源对地漏泄电流监测。

8 信号自身或与其他系统接口关键开关量采集。

9 信号设备维护支持管理，包括工作状态预警及报警、维护管理、台账管理等。

10 相关数据应能进行存储、回放。

10.2.2 维护监测系统与道岔系统接口，将道岔系统监测信息纳入信号集中监测系统管理。

条文说明

磁浮道岔具有独立的控制和监测系统，通常在轨旁道岔控制柜内设有PLC监测单元，对道岔控制的关键开关量和模拟量进行采集、监测，但通常道岔控制系统并无上位机设备。通过接口，将道岔监测信息统一纳入信号维护监测系统，便于道岔状态信息的集中管理和故障分析、处理。运营部门也通常将道岔控制系统纳入通号车间的维护范围。

10.3 技术要求

10.3.1 正线设备集中站、车辆段、停车场均应设置维护监测系统。

10.3.2 维护监测系统数据采集机或采集板应具有良好的可靠性、可用性、电磁兼容性和实时性，并具备抗干扰及自检、自诊断能力。维护监测系统与被监测设备之间应具有良好的电气隔离措施，任何情况下不得影响被监测设备的正常工作。

10.3.3 维护监测系统网络应与信号其他子系统网络采取安全隔离措施，确保信号核心子系统网络和信息安全不受其影响。

10.3.4 联锁、ATS、电源屏及UPS、计轴、DCS等具有自诊断功能的信号设备，维护监测系统应通过接口方式获取所需的状态信息和报警信息，其接口方式、信息内容、准确性和实时性应符合相关规范要求。

10.3.5 维护监测中央服务器应能接收、统计和处理整个信号系统设备的状态和故障报警信息，实现监测信息的统一、集中管理。

10.3.6 道岔系统监测信息应采用独立的查询界面。

10.3.7 信号接口电路中的关键继电器状态应进行采集监测。

11　车辆基地信号系统

11.1　技术要求

11.1.1　车辆基地联锁系统宜单独控制，ATS 系统监视车辆基地内作业情况。自动化车辆基地应将基地自动化区纳入 ATC 控制范围。

11.1.2　自动化车辆基地根据站场形式、功能需求划分为自动化区和非自动化区。

11.1.3　列车出入基地应按列车进路办理，列车在基地内运行宜按调车进路控制。

11.1.4　车辆基地咽喉区接发车能力应满足运营需求，应核算列车出入段能力。当能力不能满足需求时，系统宜按咽喉区多车追踪运行方式接发车。

条文说明

实际工程中需根据行车能力需求和车辆基地站场形式，通过列车运行仿真分析等手段核实出入车辆基地的能力。通常车辆基地采用咽喉区单一列车进路方式接发车，在咽喉区较长时会限制出入基地能力。在能力不能满足需求时，通过在车辆基地咽喉区设置接发车信号机，实现进路分割，允许多车追踪运行，可有效提高出入段能力。

11.1.5　ATS 子系统应具有车辆基地内列车车组号的跟踪、显示功能。

条文说明

列车退出运营后，ATS 系统会对退出运营的列车进行销号处理，系统不再保有车次号信息，但仍要求 ATS 系统对回到车辆基地的列车继续进行车组号的跟踪，便于车辆段调度了解列车停放股道，并可根据 OCC 的行车计划，安排再次投入运营的用车计划及派班计划。

11.1.6　车辆基地信号系统应具有道岔区安全防护功能。道岔区安全防护所需车地信息传递可采用基于点式应答器的技术或者基于连续式通信的技术。

11.2 试车线系统

11.2.1 试车线信号系统核心设备应与正线 ATC 系统设备保持一致，应满足信号车载设备功能的动态测试和双方向试车的需要。

条文说明

试车线信号系统是为了满足车载信号设备维修后的测试需求，以及与信号相关车辆牵引、制动系统维修后的测试需求。对于一般性车辆试车并不一定需要信号系统，试车线信号系统这时也可处于关闭状态。

11.2.2 试车作业时，试车线控制室应与车辆段控制室值班员通过终端设备进行控制权交接。试车线控制权交接完成后，车辆段联锁系统不能单方收回控制权。

11.2.3 试车线上区段占用检查宜由车辆段联锁系统统一设置，也可由试车线系统单独设置。

条文说明

试车线采用由车辆段联锁系统统一设置区段占用检查设备，一是可减少设备数量，节约投资；二是车辆段与试车线工作站显示列车位置一致，便于对试车状态的监控。

11.2.4 试车线道岔、调车信号机应纳入车辆段联锁控制。试车线上的进路安全防护应遵循铁路信号非进路调车设计原则。

11.3 培训系统

11.3.1 车辆基地宜根据运营需要选择配置信号培训系统。

条文说明

培训系统是指针对信号运营维护人员培训用系统设备。培训系统设备可选择配置，通常根据系统是否为通用成熟系统、工程投资控制、同一地区是否已经配置培训系统、运营维护人员能力和需要等因素进行选择。

11.3.2 信号培训系统应包括与正线实际运用的系统设备相一致的各种类型的实物设备，可适当简化冗余结构、UPS 设备、维护监测系统等配置。

条文说明

培训系统是运营人员业务培训的辅助设备，非行车直接相关核心系统设备，故从工程建设经济性考虑，可不设置UPS设备、维护监测系统设备，联锁、ATP等冗余系统也可以简化为非冗余系统，不影响运营培训效果。

11.3.3 信号培训设备应能提供完整的系统运行环境模拟、故障模拟、诊断及仿真功能。

11.3.4 当车辆基地室外设置实物培训和演练用线路时，信号培训系统应配置与之配套的轨旁实物信号设备，并可受室内培训系统的控制。

11.4 维修和检测设备

11.4.1 车辆基地信号系统应配置专用维修工具和设备。

11.4.2 专用维修工具和设备应满足ATC系统维修需求。

12 电源系统

12.1 系统构成

12.1.1 信号电源系统由电源屏、UPS 及蓄电池构成。

12.1.2 信号设备集中站应单独设置电源屏和 UPS 设备，UPS 设备宜冗余配置。

12.1.3 非设备集中站可单独设置电源屏和 UPS 设备，也可与其他系统合设 UPS 设备。

条文说明

当建设标准采用弱电系统 UPS 整合设置方案时，非设备集中站信号系统设备可纳入集中 UPS 供电范围。参考部分城市轨道交通建设经验，考虑到维修体制以及信号系统特点，设备集中站不纳入 UPS 整合范围。

12.2 技术要求

12.2.1 信号系统用电负荷等级应为一级负荷。一级负荷两路电源宜由信号电源屏负责切换，切换时间不大于 0.15s。

12.2.2 车载信号设备应由车辆提供直流电源。

12.2.3 交流电源电压的波动超过交流用电设备正常工作范围时，应设稳压设备。

12.2.4 电源引入应设置电源防雷箱，并核定断路器容量。

12.2.5 信号电源应采用模块化、冗余配置且具有自诊断、监测报警和联网功能的信号专用智能电源屏。

12.2.6 电源屏供给各种负荷的容量应合理分配，电源屏输入为三相电源时，各相的负荷应力求平衡。

12.2.7 用于集中供电的电源屏对不同类别、用途的电源应相互隔离或设专用电源供电。

12.2.8 电源屏及其各供电回路、功能模块应具备过电流及短路保护功能，任何一个输出回路短路时，应利用故障回路内的开关器件使其消除，不得影响其他回路的正常工作。

12.2.9 信号电源屏断路器的设置应能对设备进行分级防护，其参数应经计算确定，上、下级保护容量应相互匹配。

12.2.10 电源屏应具备雷电感应过电压防护功能，防雷元器件的选择应将雷电感应过电压限制到电源屏的冲击耐压水平以下。

12.2.11 UPS 和蓄电池应符合下列要求：

1 应选用在线式 UPS 和免维护蓄电池设备。

2 信号系统的 UPS 电池后备时间不应小于 30min。

3 UPS、蓄电池的状态信息应纳入维护监测系统集中管理。

13 地面固定信号

13.1 技术要求

13.1.1 正线信号机设置应符合下列规定：

1 正线线路应设置正向出站信号机和道岔防护信号机，宜根据闭塞制式和行车需求设置区间信号机和反向出站信号机。

2 所有有配线的车站均应满足应急情况下的折返需求，并配置折返所需的信号机。

条文说明

城市轨道交通根据行车组织需要和为精简轨旁设备，通常较少单独设置反向出站信号机，仅利用间隔3～4站、有配线车站的反向道岔防护信号机兼作反向出站信号机，满足应急情况下反向排列进路的需求。但对于车站少、站间距较大的中低速磁浮线路，仅利用反向道岔防护信号兼作反向出站信号机可能难以满足应急情况下反向排列进路的需求，所以需要根据线路情况、运营需求综合考虑设置反向出站信号机。

13.1.2 CBTC系统在连续通信级别下轨旁信号机宜采用常态灭灯模式。在系统降级运行为点式通信级别或者联锁级别时，轨旁信号机恢复点灯状态。

13.1.3 信号机显示距离应符合下列规定：

1 正线行车信号和道岔防护信号机显示距离不宜小于400m。

2 场段调车信号机显示距离不宜小于200m。

3 特殊地段应根据列车最高运行速度、制动距离、司机反应时间等因素核算信号机显示距离需求。

条文说明

城市轨道交通部分特殊地段信号显示难以达到要求的距离，又不便于增加过多的复示信号机，这种情况下，可根据当前路段的列车最高运行速度、制动距离、司机反应时间等因素核算信号机显示距离需求，并确定信号机位置。

13.2 信号显示含义

13.2.1 正线信号机显示含义如下：

1 红灯：禁止通行，指示列车在信号机外方停车。

2 绿灯：允许通行，进路中的所有道岔开通直向。

3 黄灯：允许通行，进路中至少有一组道岔开通侧向。

4 红灯 + 黄灯：引导信号，允许列车以不大于 25km/h 的速度越过信号机，并随时准备停车。

13.2.2 进段/场信号机显示含义如下：

1 红灯：禁止通行，指示列车在信号机外方停车。

2 黄灯：允许通行，指示列车进入段/场内准备停车。

3 红灯 + 黄灯：引导信号，允许列车以不大于 25km/h 的速度越过信号机，并随时准备停车。

13.2.3 出段/场信号机显示含义如下：

1 红灯：禁止通行，指示列车在信号机外方停车。

2 黄灯：允许通行，指示列车出段/场。

3 白灯：允许通行，指示列车段/场内调车。

13.2.4 段/场内调车信号机显示含义如下：

1 蓝灯：禁止通行。

2 白灯：允许调车通行。

13.2.5 信号机不应出现不符合规定的信号显示。在组合灯光开放和关闭时，组合灯光应同时点灯或灭灯。信号显示应避免因灯丝故障而导致显示升级。

13.2.6 信号机机构和灯光配置应符合表 13.2.6 的规定。

表 13.2.6　信号机机构及灯光配置

序号	名　称	机构及灯光配置	说　明
1	正线信号机（Ⅰ） 入段/场信号机		（1）用于车站或区间进路中有道岔情况，或者需要引导信号情况。 （2）用于车辆段、停车场接车。 （3）仅有道岔侧向进路时无绿灯显示，封绿灯

表 13.2.6（续）

序号	名　　称	机构及灯光配置	说　　明
2	正线信号机（Ⅱ）		用于车站或区间进路中无道岔情况
3	入段/场兼调车信号机		用于车辆段/停车场咽喉区，提高出入段能力
4	出段/场兼调车信号机		（1）用于车辆段/停车场停车库股道发车。 （2）用于车辆段/停车场咽喉区，向正线发车
5	调车信号机		用于车辆段/停车场内调车

注：●-红色灯光；⊘-黄色灯光；○-绿色灯光；⊙-蓝色灯光；◎-白色灯光。

14 外部接口

14.1 接口范围

14.1.1 信号系统应与车辆、通信、车站综合后备盘、控制中心大屏幕显示、电力监控、站台门、道岔、低压配电、设有联络线的其他线路信号等系统设备接口，实现相关功能。

条文说明

中低速磁浮交通多数采用地面高架线路，从功能需求、投资控制角度考虑可不配置综合监控系统。在不配置综合监控系统情况下，需要信号系统分别与电力监控系统、IBP 盘、大屏显示系统等接口。此外，中低速磁浮信号系统增加了与道岔控制系统的接口。

14.1.2 信号与通信系统接口应包括与无线调度通信、广播、乘客信息系统、时钟、综合车地无线通信、传输等子系统的接口。

14.1.3 在采用综合监控系统时，信号与车站综合后备盘、控制中心大屏幕显示系统、电力监控系统的接口应统一纳入信号与综合监控系统接口范围，信号与广播系统、乘客信息系统接口宜纳入信号与综合监控系统接口范围。

14.2 接口功能

14.2.1 信号系统与其他相关系统或相关线路接口，应实现相关运行控制、安全防护、信息获得、相互联动等功能。

14.2.2 信号系统与车辆接口，应实现列车运行安全防护和列车运行自动控制功能。在采用全自动驾驶技术时，信号与车辆的接口还应实现与全自动驾驶功能相关的功能。

14.2.3 信号系统与无线调度通信系统接口，应实现下列功能：

1 无线调度通信系统应根据信号提供的列车识别号信息，实现控制中心、车站值班员用车次号呼叫列车功能。

2 无线调度通信系统应根据信号提供的列车在正线或车辆基地位置信息，实现车辆基地和正线不同无线分组的自动转换功能。

14.2.4 信号系统与通信广播系统接口，信号系统应向广播系统提供列车位置、列车识别号、跳停、扣车等信息，广播系统应根据信号提供的信息广播列车进、出站等过程信息。

14.2.5 信号系统与通信时钟系统接口，信号系统应根据时钟系统提供的标准时间信号，实现信号各子系统时间同步校准功能。

14.2.6 信号系统与乘客信息系统接口，乘客信息系统应根据信号提供的列车运行信息，实现在显示屏上显示相应信息功能。

14.2.7 在车地通信采用 LTE 多业务综合承载技术时，信号系统与车地综合无线系统接口，综合车地无线通信系统应为信号 CBTC 系统提供无线透明传输通道。

14.2.8 信号系统与车站综合后备盘接口，综合后备盘应提供信号系统在车站控制室现地操作所需的按钮、表示灯、蜂鸣器等设备。

14.2.9 信号系统与控制中心大屏幕显示系统接口，大屏幕显示系统应提供信号系统显示行车信息所需显示屏设备。

14.2.10 信号系统与电力监控系统接口，信号系统应根据电力监控系统提供的接触轨分段供电信息，实现在 ATS 行车界面上显示接触轨带电状态功能。

14.2.11 信号系统与站台门系统接口，信号系统应实现站台门和列车门同步开关控制、站台门相关安全检查和防护功能。

14.2.12 信号系统与道岔系统接口，应实现信号对道岔转换控制、模式控制和状态检测功能。

14.2.13 信号系统与低压配电系统接口，低压配电系统应满足信号系统的用电容量、负荷等级和综合接地要求。

14.2.14 在两条线路之间设有联络线时，两条线路的信号系统之间接口，应实现列车转线作业时进路安全防护功能。

14.3 技术要求

14.3.1 信号系统外部接口采用继电器开关量的接口方式时，接口电路应符合故障—安全原则。接口双方应各自提供本方接口继电器励磁所需电源。

14.3.2 信号系统外部接口采用数据通信的接口时，宜采用冗余接口方式。

14.3.3 信号与其他系统间接口应采取隔离措施，不应由于一个系统故障而影响另一个系统的正常运行。

14.3.4 信号系统应具有记录与其他外部系统间接口信息的功能。

15 接地、防雷和电磁兼容

15.1 接地

15.1.1 信号系统设备接地包括工作接地、保护接地、屏蔽接地和防雷接地。

15.1.2 信号室内设备宜采用综合接地，接地电阻不应大于1Ω。室内信号设备金属机柜、防雷设备、屏蔽层等均应接入综合接地母排。

条文说明

综合接地电阻值大小直接决定系统设备在遭受雷击等情况下能否得到有效保护。从磁浮信号系统设备高安全性、可靠性要求出发，在由其他专业提供的室内设备接地极满足要求条件下，信号系统应做好自身接地汇流排、线缆选择和连接等环节，确保接地电阻值不大于1Ω。

15.1.3 轨旁设备的防雷地线与保护地线应分开设置、连接。

15.1.4 区间信号设备保护接地可采用贯通地线接地或者分散接地，贯通地线任意一点或分散接地极接地电阻不应大于4Ω。

条文说明

一般情况下，城市轨道交通区间弱电用贯通地线性质为保护接地，通常与防雷接地分开设置，不属于综合接地性质。按照现行国家标准《城市轨道交通信号系统通用技术条件》(GB/T 12758)、现行行业标准《铁路信号雷电电磁脉冲防护技术条件》(TB/T 3074) 中相关规定，接地电阻不大于10Ω即可满足要求。本规范要求接地电阻不大于4Ω，主要参考现行国家标准《地铁设计规范》(GB 50157)、现行行业标准《铁路信号设计规范》(TB 10007) 中关于分散接地接地电阻的要求，以及城市轨道交通中采用的通用标准。

15.1.5 所有信号室外设备的金属箱、外壳均应通过线缆接地。

15.1.6 所有进出信号设备室的电缆、光缆铠装层和屏蔽层均应接地处理。

15.1.7 车载信号设备的地线应经车辆接地装置接地。

15.2 防雷

15.2.1 防雷措施和防雷设备应对信号设备进行有效防护，设备受雷电干扰时不应误动作。

15.2.2 电源屏的主、副电源引入端应设防雷设备。

15.2.3 室外信号设备与室内信号设备间的电缆连接应采取防雷措施。

15.2.4 防雷元器件的特性应与被防护设备的耐压水平相匹配。防雷元器件的设置不应影响被防护设备的正常工作。

15.2.5 防雷元器件与被防护设备之间的连接线应最短，防护电路的配线应与其他配线分开，其他设备不应借用防雷元器件的端子。

15.2.6 地面和高架线路轨旁高柱安装的无线天线设备应采取雷电防护措施。

15.2.7 信号设备用房宜设置法拉第笼实施电磁屏蔽。

15.3 电磁兼容

15.3.1 信号系统轨旁设备应满足在中低速磁浮交通电磁环境下稳定、可靠工作的需求。

15.3.2 信号系统地面设备的发射与抗扰度限值、性能判据应符合现行国家标准《轨道交通电磁兼容 第4部分：信号和通信设备的发射与抗扰度》（GB/T 24338.5）的规定。

15.3.3 信号系统车载设备的发射与抗扰度限值、性能判据应符合现行国家标准《轨道交通电磁兼容 第3-2部分：机车车辆 设备》（GB/T 24338.4）的规定。

15.3.4 信号系统地面供电装置和设备的发射与抗扰度限值、性能判据应符合现行国家标准《轨道交通电磁兼容 第5部分：地面供电装置和设备的发射与抗扰度》（GB/T

24338.6）的规定。

15.3.5 信号系统与接触轨带电部分之间的距离应满足安全距离要求。

15.3.6 信号电缆与强电线缆应分开敷设，间距应满足相关规范要求。当铺设间距不能满足要求时，应采取防护措施。

16 环境条件

16.0.1 信号系统设备正常工作时的环境条件应符合表 16.0.1 的规定。

表 16.0.1 信号系统正常工作时的环境条件

<table>
<tr><td colspan="2" rowspan="3">工 作 环 境</td><td colspan="5">设备位置</td></tr>
<tr><td colspan="3">车辆</td><td colspan="2">地面</td></tr>
<tr><td>车体内部</td><td>车体外部</td><td>悬浮架</td><td>室外</td><td>室内</td></tr>
<tr><td colspan="2">环境温度（℃）</td><td>-25 ~ 55</td><td colspan="3">-40 ~ 70</td><td>0 ~ 45</td></tr>
<tr><td colspan="2">湿度（25℃）</td><td>≤95%</td><td colspan="3">100%（不结露）</td><td>≤95%</td></tr>
<tr><td rowspan="2">振动</td><td>振频（Hz）</td><td>≤50</td><td>≤50</td><td>10 ~ 100</td><td>≤100</td><td>≤100</td></tr>
<tr><td>加速度（m/s^2）</td><td>20</td><td>20</td><td>100 ~ 200</td><td>≤30</td><td>≤20</td></tr>
<tr><td rowspan="2">冲击</td><td>持续时间（ms）</td><td>4 ~ 11</td><td>4 ~ 11</td><td>4 ~ 11</td><td>≤200</td><td>≤200</td></tr>
<tr><td>加速度（m/s^2）</td><td>20 ~ 50</td><td>20 ~ 50</td><td>100 ~ 150</td><td>≤100</td><td>≤100</td></tr>
<tr><td colspan="2">海拔高度（m）</td><td colspan="5">≤2500</td></tr>
</table>

条文说明

本条参考《城市轨道交通信号系统通用技术条件》（GB/T 12758—2004）中第 15 章规定。海拔高度参考《计算机联锁技术条件》（TB/T 3027—2002）中第 5 章规定。

16.0.2 信号系统运用于雷暴、降水量、极端气温、湿度等特殊环境条件时，应保证 ATC 设备在相应地区的环境条件下安全可靠地运行，或采取必要的附加措施保证 ATC 设备安全可靠地运行。

本规范用词说明

1　为便于在执行本标准条文时区别对待，对于要求严格程度不同的用词说明如下：

1）表示很严格，非这样做不可的用词：

正面词采用“必须”；反面词采用“严禁”。

2）表示严格，在正常情况下均应这样做的用词：

正面词采用“应”；反面词采用“不应”或“不得”。

3）表示允许稍有选择，在条件许可时首先应这样做的用词：

正面词采用“宜”；反面词采用“不宜”。

4）表示有选择，在一定条件下可以这样做的，采用“可”。

2　条文中指明应按其他有关标准、规范执行的写法为：“应符合……的规定”或者“应按……执行”。

引用标准名录

1　《地铁设计规范》（GB 50157）

2　《电子信息系统机房设计规范》（GB 50174）

3　《地下铁道工程施工及验收规范》（GB 50299）

4　《建筑物电子信息系统防雷技术规范》（GB 50343）

5　《地铁运营安全评价标准》（GB/T 50438）

6　《城市轨道交通技术规范》（GB 50490）

7　《城市轨道交通信号工程施工质量验收规范》（GB 50578）

8　《城市轨道交通工程基本术语标准》（GB/T 50833）

9　《信息技术设备的无线电干扰极限值和测量方法》（GB 9254）

10　《城市轨道交通信号系统通用技术条件》（GB/T 12758）

11　《电磁兼容 试验和测量技术》（GB/T 17626）

12　《轨道交通 可靠性、可用性、可维修性和安全性规范及示例》（GB/T 21562）

13　《信息系统安全等级保护基本要求》（GB/T 22239）

14　《轨道交通 电磁兼容 第3-2部分：机车车辆 设备》（GB/T 24338.4）

15　《轨道交通 电磁兼容 第4部分：信号和通信设备的发射与抗扰度》（GB/T 24338.5）

16　《轨道交通 电磁兼容 第5部分：地面供电装置和设备的发射与抗扰度》（GB/T 24338.6）

17　《轨道交通 通信、信号和处理系统 第1部分：封闭式传输系统中的安全相关通信》（GB/T 24339.1）

18　《轨道交通 通信、信号和处理系统 第2部分：开放式传输系统中的安全相关通信》（GB/T 24339.2）

19　《信息系统安全保护等级保护实施指南》（GB/T 25058）

20　《轨道交通 自动化的城市轨道交通（AUGT）安全要求 第1部分：总则》（GB/T 32588.1）

21　《轨道交通 城市轨道交通运输管理和指令/控制系统 第1部分：系统原理和基本概念》（GB/T 32590.1）

22　《城市轨道交通工程项目建设标准》（建标 104）

23　《铁路信号设计规范》（TB 10007）

24 《铁路信号站内联锁设计规范》（TB 10071）
25 《继电式电气集中联锁技术条件》（TB/T 1774）
26 《铁路信号故障 安全原则》（TB/T 2615）
27 《铁路信号电源屏 第一部分：总则》（TB/T 1528.1）
28 《铁路信号电源屏 第三部分：继电联锁信号电源屏》（TB/T 1528.3）
29 《铁路信号电源屏 第四部分：计算机联锁信号电源屏》（TB/T 1528.4）
30 《铁路信号计轴设备通用技术条件》（TB 2296）
31 《计算机联锁技术条件》（TB/T 3027）
32 《机车车辆电气设备电磁兼容性试验及其限值》（TB/T 3034）
33 《铁道信号设备雷电电磁脉冲防护技术条件》（TB/T 3074）
34 《中低速磁浮交通设计规范》（CJJ/T 262）
35 《中低速磁悬浮交通运行控制技术规范》（CJJ/T 255）
36 《中低速磁浮交通车辆通用技术条件》（CJ/T 375）
37 《城市轨道交通基于通信的列车自动控制系统技术要求》（CJ/T 407）
38 《中低速磁浮交通道岔系统设备技术条件》（CJ/T 412）